国家出版基金项目
NATIONAL PUBLICATION FOUNDATION

记住乡愁

——留给孩子们的中国民俗文化

刘魁立◎主编

侯同佳◎编著

第十一辑 生肖祥瑞辑

生肖牛

本辑主编 张 勃

黑龙江少年儿童出版社

序

　　亲爱的小读者们，身为中国人，你们了解中华民族的民俗文化吗？如果有所了解的话，你们又了解多少呢？

　　或许，你们认为熟知那些过去的事情是大人们的事，我们小孩儿不容易弄懂，也没必要弄懂那些事情。

　　其实，传统民俗文化的内涵极为丰富，它既不神秘也不深奥，与每个人的关系十分密切，它随时随地围绕在我们身边，贯穿于整个人生的每一天。

　　中华民族有很多传统节日，每逢节日都有一些传统民俗文化活动，比如端午节吃粽子，听大人们讲屈原为国为民愤投汨罗江的故事；八月中秋望着圆圆的明月，遐想嫦娥奔月、吴刚伐桂的传说，等等。

　　我国是一个统一的多民族国家，有 56 个民族，每个民族都有丰富多彩的文化和风俗习惯，这些不同民族的民俗文化共同构筑了中国民俗文化。或许你们听说过藏族长篇史诗《格萨尔王传》

中格萨尔王的英雄气概、蒙古族智慧的化身——巴拉根仓的机智与诙谐、维吾尔族世界闻名的智者——阿凡提的睿智与幽默、壮族歌仙刘三姐的聪慧机敏与歌如泉涌……如果这些你们都有所了解，那就说明你们已经走进了中华民族传统民俗文化的王国。

你们也许看过京剧、木偶戏、皮影戏，看过踩高跷、耍龙灯，欣赏过威风锣鼓，这些都是我们中华民族为世界贡献的艺术珍品。你们或许也欣赏过中国古琴演奏，那是中华文化中的瑰宝。1977年9月5日美国发射的"旅行者1号"探测器上所载的向外太空传达人类声音的金光盘上面，就录制了我国古琴大师管平湖演奏的中国古琴名曲——《流水》。

北京天安门东西两侧设有太庙和社稷坛，那是旧时皇帝举行仪式祭祀祖先和祭祀谷神及土地的地方。另外，在北京城的南北东西四个方位建有天坛、地坛、日坛和月坛，这些地方曾经是皇帝率领百官祭拜天、地、日、月的神圣场所。这些仪式活动说明，我们中国人自古就认为自己是自然的组成部分，因而崇信自然、融入自然，与自然和谐相处。

如今民间仍保存的奉祀关公和妈祖的习俗，则体现了中国人崇尚仁义礼智信、进行自我道德教育的意愿，表达了祈望平安顺达和扶危救困的诉求。

小读者们，你们养过蚕宝宝吗？原产于中国的蚕，真称得上伟大的小生物。蚕宝宝的一生从芝麻粒儿大小的蚕卵算起，中间经历蚁蚕、蚕宝宝、结茧吐丝等过程，到破茧成蛾结束，总共四十余天，却能为我们贡献约一千米长的蚕丝。我国历史悠久的养蚕、丝绸织绣技术自西汉"丝绸之路"诞生那天起就成为东方文明的传播者和象征，为促进人类文明的发展做出了不可磨灭的贡献！

小读者们，你们到过烧造瓷器的窑口，见过工匠师傅们拉坯、上釉、烧窑吗？中国是瓷器的故乡，我们的陶瓷技艺同样为人类文明的发展做出了巨大贡献！中国的英文国名"China"，就是由英文"china"（瓷器）一词转义而来的。

中国的历法、二十四节气、珠算、中医知识体系，都是中华民族传统文化宝库中的珍品。

让我们深感骄傲的中国传统民俗文化博大精深、丰富多彩，课本中的内容是难以囊括的。每向这个领域多迈进一步，你们对历史的认知、对人生的感悟、对生活的热爱与奋斗就会更进一分。

作为中国人，无论你身在何处，那与生俱来的充满民族文化DNA的血液将伴随你的一生，乡音难改，乡情难忘，乡愁恒久。这是你的根，这是你的魂，这种民族文化的传统体现在你身上，是你身份的标识，也是我们作为中国人彼此认同的依据，它作为一种凝聚的力量，把我们整个中华民族大家庭紧紧地联系在一起。

《记住乡愁——留给孩子们的中国民俗文化》丛书，为小读者们全面介绍了传统民俗文化的丰富内容：包括民间史诗传说故事、传统民间节日、民间信仰、礼仪习俗、民间游戏、中国古代建筑技艺、民间手工艺……

各辑的主编、各册的作者，都是相关领域的专家。他们以适合儿童的文笔，选配大量图片，简约精当地介绍每一个专题，希望小读者们读来兴趣盎然、收获颇丰。

在你们阅读的过程中，也许你们的长辈会向你们说起他们曾经的往事，讲讲他们的"乡愁"。那时，你们也许会觉得生活充满了意趣。希望这套丛书能使你们更加珍爱中国的传统民俗文化，让你们为生为中国人而自豪，长大后为中华民族的伟大复兴做出自己的贡献！

亲爱的小读者们，祝你们健康快乐！

二〇一七年十二月

目　录

牛的自述

| 牛的自述 |

"两弯新月头上长，常常喜欢水中躺，身体庞大毛灰黑，劳动是个好闯将。"这个谜语的谜底是什么呢？没错，说的就是我们牛！作为一头牛，我可是有很多与众不同的特点呢！我们有一对坚硬且弯弯的角，让我们可以保护自己抵御外敌；我们有"四个胃"来贮藏草料，以防在遇到恶劣的环境时失去能量而死；我们还有"反刍"的习惯，以便进一步消化和利用植物中的纤维；我们的适应能力很强，基本可以适应居住地的气候。

| 斯里兰卡水牛 |

我们牛家族非常大，有好多类型的牛，大家最熟悉的应该就是黄牛、水牛和牦牛了。水牛最大的特点就是皮厚，因此汗腺不发达，在天气炎热之时，水牛必须依靠浸水散热，这样的习性使它们得名水牛。在中国最常见的是哪种牛呢？答案是黄牛。黄牛是中国固有的普通牛种，它们因皮毛大多呈棕黄色而得名，往往用来帮助人们耕地和拉车。牦牛是中国高寒地区特有的珍稀牛种，能适应恶劣的高寒气候，是世界上除人类以外在海拔最高处生活的哺乳动物……牛成为人类的好朋友已经是很久很久之前的事情了。牛与马、羊、狗、猪、鸡一起被称作六畜，都是人类驯化野生动物的结果。考古学家在河姆渡文化遗址挖掘出的水牛遗骸，证明距今

| 西藏牦牛 |

|壮观的雪山与
成群的牦牛|

|高原上的牛群|

约七八千年前，人类就已开始驯养水牛。中国志怪古籍《山海经·大荒东经》中有记载："王亥托于易，河伯仆牛。"其中的"仆"就有驯化之意，可见牛的驯化得到了文献支持。牛作为人们生产的帮手又是从何时开始的呢？根据考古发现，在一些商代遗址中已有早期的牛耕工具，因此可以大致推断出我国在商代就已经开始用

牛辅助耕地了。

在中国古代，牛是中国人生产生活的好帮手，中国人给牛创作和传诵着许多有意思的故事，书写了很多关于牛的篇章，制作了很多牛形象的器物，还有很多有关牛的传统节日，下面请大家跟随我们的脚步一探究竟吧！

丑牛不丑
——作为生肖之一的牛

|"丑牛"不丑——作为生肖之一的牛|

牛是十二生肖之一，被人称为"丑牛"。牛的样子不丑啊，也许你会这样想。其实"丑牛"这一俗称与十二地支有关。十二地支是古人记录时间的符号，分别是子、丑、寅、卯、辰、巳、午、未、申、酉、戌、亥。生肖牛位列第二，对应起来就是"丑牛"。牛为什么位列十二生肖的第二位呢？这里有一个传说。

很久以前，人类想让每一年对应一种动物，可是天下的动物很多，让哪些动物上位好呢？于是人们想出了一个主意，让动物们在特定的一天来报名，哪种动物先到哪种动物就是人们认可的生肖。

报名那天，老鼠和牛起得很早，于是它们一起到报名的地方去。牛身体大，迈的步子就大；老鼠身体小，迈的步子就小，老鼠为了追上牛累得气喘吁吁。老鼠心想，这样下去我可没有力气到报名的地方了，于是它灵机一动对牛说："牛大哥，

|剪纸艺术中的牛|

你看我身体这么小，我怕人们看不见我，不让我报名，你让我到你背上去吧，一路上无聊，我还能给你唱首歌听！"牛说："好吧，反正现在还早，十二生肖里肯定能有我一个。"于是老鼠蹿到了牛背上，开始唱：

"牛大哥，

身体壮，

起得早，

跑得快！"

牛听了高兴地跑了起来，很快就到了报名的地方。

| 生肖牛与生肖鼠剪纸 |

定睛一看发现一个动物都没有，牛更高兴了，大喊："我是第一名！"哪想到老鼠一下子从牛背上跳到了牛前面，抢走了第一名。从此小小的老鼠就成了十二生肖中的第一个，牛成了第二个。

除此之外，对于牛为什么是第二个还有一些解释。明朝的叶子奇提出生肖排位次序是按照十二种动物各自不足的地方划分前后；明朝的郎瑛认为十二生肖的爪或舌的奇偶，可以与阴阳、地支相配，偶数配地支偶数且属阴，而奇数配地支奇数且属阳；还有明朝的其他学者认为，十二生肖的顺序是按照动物的活动时间来排列的。

神话故事中的牛

| 神话故事中的牛 |

有关牛的神话故事有很多，故事中的形象往往有神仙和鬼怪，故事内容往往与牛的起源有关

（一）对牛的尊奉

古代时，在一些以农耕为主要生产生活方式的民族和地区中，人们将牛视为最重要的生产资料。甚至有些地区或民族认为牛是人类生存的来源与生命的源头，这与牛是帮助当地人从事生产活动的好助手有着密切关联。因此将牛敬奉为人类的祖先，是人们对牛的尊敬和感谢的表达。

| 牛与人类的生活息息相关 |

| 我国南方地区的牛 |

（二）牛下凡的故事

科学研究发现，牛是由原牛进化来的，但在神话传说中，牛却是从天上下凡来到人间的，那么它们为什么要来到人间呢？有三个传说，大家一起来看一下吧！

1.牛下凡的传说之一

很久以前，人间没有牛，人类种地全靠人力，非常辛苦。

有一天，太上老君来到人间，看到人们光着身子、满身大汗的样子十分同情，便走上前对他们说："你们太累了，应该休息休息呀！"人们说："眼看种田季节过了，我们怎能休息呢？"太上老君没有回答，心想一定要想出一个办法来帮助人们。他在回天宫的时候想了一路，还是没有想出一个办法。

就在这时，他忽然听到了"哞哞"的声音，太上老君一看，发现不远处有一公一母两头大青牛在闲游。太上老君心头一动，便走到两头牛前面，说："你们看起来很清闲啊！"

一头青牛说："有什么办法呢？整日无事可做，很是烦闷！"

太上老君趁机说道："我今天发现了一个绝妙的

地方，保证你到了那里不会感到烦闷。"

两头青牛听了非常感兴趣，问道："在哪里啊？"

太上老君回答道："在人间。"

两头牛听了十分惊讶："我们为什么到凡间去？"

太上老君说："你们不愿意吗？人间有九万山岗，十万田地，长满了你们吃不完的草，不信你们到人间看看。"

两头青牛心动了，于是跳出南天门直奔人间。青牛来到凡间，发现山岗和田地上果然是绿油油的一片，便高兴地从万丈云头上跳下去，撞到了地上，磕掉了门牙，所以到今天牛也没有门牙。

两头青牛到了人间不久，就被人类捉住了，经过驯化，青牛开始帮人类耕种土地，人类也给予青牛可口的青草，两头青牛也就不想回到天宫去了，一直勤勤恳恳地帮助

|动画片《大闹天宫》中的太上老君与青牛|

人类种地，直到今天。

2. 牛下凡的传说之二

在浙江宁海有一个传说。很久很久以前，牛王星是天上一位善良的使者。

有一天，牛王星看到人间杂草丛生、百姓挨饿困苦的场景，顿时心生同情。于是在农历四月初八这天，偷偷背着天犁到人间帮助人们翻地耕作。玉皇大帝得知牛王星偷偷下凡、帮助人类的消息后十分生气，就惩罚牛王星永远留在凡间，过吃草、耕地的清苦生活。而人们则感激天牛，将牛王星下凡的农历四月初八定为牛王节，每年在这天敬牛、爱牛，表达他们对牛辛勤劳作的感恩之情。

3. 牛下凡的传说之三

远古时候，地里没有让种田人深恶痛绝的野草，牛也没有为人类帮忙。也正是因为没有野草，种田是件很容易的事情，播下种子就可

|《西游记》特种纪念邮票|

以等待收成。种田人没事情做的时候就会用唱歌来表达他们愉快的心情。

天上有一个红眼神，受不了这些歌声，对凡间自在的生活也很是羡慕，就去报告玉帝："这些凡间的种田人种地不花力气，在家无事可做，终日唱歌、嬉笑，这样下去会越来越懒惰。"

于是玉帝派太白金星到人间察看。太白金星到凡间转了一圈，返回天庭禀报说："凡人是有些清闲了，应该加些劳累，以防他们惹是生非，慵懒不堪。"

玉帝问："如何增加劳累呢？"

太白金星想了想说："不如撒些草籽到人间，凡人耕种就要除草。"于是玉帝命红眼神每七步撒一把草籽。但是红眼神并没有这么做，而是一步撒七把草籽。草籽一到地里就疯长起来，可把种田人害苦了，日拔夜拔，怎么都除不干净。他们再反回到嘴里也没有时间唱歌了，歌声变成了哀叹声。这些人辛辛苦苦一年，到头来也收获不了几粒粮食，挨饿的穷苦人索性大骂老天爷。

骂声传到了玉帝耳朵里，玉帝问清原因后大怒，将红眼神打落凡间变成牛，命令他帮种田人犁田除草。

过了一些时候，玉帝亲自到人间访查，见种田人正赶着牛犁田，问："现在生活得这么样？"种田人乐呵呵地回答道："多谢老天爷眷顾，我们种田省力多了，每天都吃得饱饱的！"

牛在一旁却长长地叹了一口气："人倒是吃饱了，我可要饿死了！"玉帝听了对牛说："以后准你吃草，毕竟这草也是你自己种的。"

红眼神在变成牛以后慢慢发现自己的错误，于是勤勤恳恳帮人类犁地、干重活，饿了就吃野草。它吃草

| 古画中的农耕牛 |

的时候总是把草咽下肚，然后再反回到嘴里慢慢咀嚼。每当种田人挥着鞭子督促它耕地的时候，牛总是含着眼泪，回嚼草汁的辛酸，据说这是牛在为自己的行为诚心悔过。

（三）牛帮助人的神话故事

在本节中，我们与大家分享的是牛如何帮助人的故事。

1. 水牛救助人的故事

水牛是佤族人的救星。据传很久以前，人们本来过着和睦美好的生活。

传说佤族人的首领和祖先妈农有一个女儿叫安木拐。有一天来了大洪水，妈农母女俩被洪水冲到了一座山顶上。洪水不断上涨，淹没了母女两人所在的山头，眼看着洪水就要淹到她们的时候，游来一头水牛，亲切地舔着两人的手和脚，于是母女俩爬上了牛背。

水牛驮着妈农母女游了几天几夜，总算到了一个美丽富饶而安全的大山上。这座山随着洪水上涨而长高，始终不被洪水淹没。母女两人看到山林中有取之不尽、用之不竭的野果，于是就在这里住下了。

正是由于佤族人的圣母妈农和她的女儿安木拐的幸存，才孕育了今天的佤族人，因此水牛是佤族人民的救星。

2. 牛郎织女

传说在很久很久以前，有一户人家，老人们都去世了，只剩下两个兄弟。老大在外面做生意，挣了钱娶了一个媳妇。这个媳妇心眼儿不好，总想吞并全部财产。

有一天，老二牛郎带着一条狗放牛，到了中午，他的嫂子来给他送饭，把饭摆在了地上。老二肚子饿了刚要吃，被老牛一脚踢翻了，罐子破了，饭撒了一地，狗看见了，张口就将饭吃了，结果没吃几口就一下倒在地上死了。牛郎一看，嫂子在饭里下了毒药，决定再不能这样过下去了，于是回到家收拾东西准备离开。牛郎刚进院子就看见哥哥从外面回来了，于是向哥哥哭诉嫂子对他的种种不好，并提出要分家。老大十分为难，因为弟弟还小，而且自己出门在外，家里的活需要人来干。牛郎接着说："家里的其他东西什么都不要，我就要那头老牛。"大哥媳妇听见了他们的谈话，心想正好顺了自己的意，就说："二弟想出去住就出去吧！"于是老二就牵着牛离开了家。牛郎走啊走，走了好远到了一个地方停下来，并决定在这里安家了。

|古画《牛郎织女》|

有一天晚上牛郎感叹自己无依无靠，没有媳妇。这时老牛化作人形说话了："我是金牛星下凡，一会儿会有天宫下来的仙女来旁边的池子洗澡。这些仙女中有一个名叫织女的仙女十分美丽，心灵手巧。到时候你去偷她的衣服，她发现自己的衣服不见了定会去追你，那时你便可娶她为妻。"于是牛郎就和老牛一起到湖边藏在树后，果然看见仙女从天上来到人间，仙女们将脱下的衣服放在池子旁边的树上，然后到池子里洗澡。趁她们洗澡的时候，老牛告诉了牛郎哪些衣服是织女的，于是牛郎从树后跑出来，偷走了织女的衣服。仙女们洗完澡开始穿衣服，织女发现自己的衣服不见了。这时牛郎走出来问："这是你的衣服吗？"织女点头。牛郎说："我想娶你为妻。"织女本来不太愿意，但看着牛郎诚心诚意便答应了。于是织女就嫁给了牛郎，并生下了一男一女。

织女嫁给凡人的事情触犯了天规，而且还被王母娘娘知道了。王母娘娘很生气，令天兵天将将织女带回天庭，两个孩子哇哇大哭。

| 牛郎织女织金妆花挂屏 |

| 牛郎织女雕塑 |

老牛看到一家人不得团圆，便牺牲了自己，取下自己的牛角做成一艘牛角船，让牛郎带着孩子与织女团圆。

到了天上，牛郎一家终于与织女团圆。但王母娘娘还是不肯成全他们，于是拔出玉钗划出一道银河，让他们只能在农历七月初七踏着喜鹊搭成的鹊桥，跨过银河相会。

民间故事中的牛

| 民间故事中的牛 |

（一）牛的特征形成故事

中国民间有很多关于牛的故事，有些故事讲述了牛的特征形成的原因，比如为什么牛没有门牙，为什么有角，可见中国人的想象力和创造力。下面这篇是山西的民间寓言故事，讲述了为什么牛有角而没有门牙。

1. 牛为什么有角却没有门牙？

很久很久以前，马的头上是有角的，牛的头上没有角。可是为什么现在牛头上有角，马头上却没有角了呢？

据说很久以前，牛、马和狗是好兄弟，他们在一起生活。他们住的地方有时会有老虎出现，很多动物面临生命威胁。不过幸亏牛的力气大，可以和老虎顶一顶；马有两只角且腿脚灵活，老虎追不上；狗虽然没有门牙，但是耳朵最灵，要是老虎来了，距离很远的时候狗就听见了，然后立刻给马和牛报

| 生肖马剪纸 |

信，马和牛立刻做好准备，抵御老虎的攻击。

有一天，牛卧在地上晒太阳，心想，自己这么大的力气，有时却还吃老虎的亏，要不是马和狗，自己早被老虎吃了。要是自己能像狗一样灵敏，再长上马的两只角该多好啊。牛灵机一动，决定借马的角用用。于是对马说："马老弟，你看我虽然个子高，力气大，但是腿脚不灵便，头上没有角，常吃老虎的亏，如果你能把角借给我用用，等老虎来了，我使劲儿顶它一下，让它知道知道咱们的厉害！"

马听了牛的话心想：借几天就借几天，反正都是自家人，要是牛大哥真能打败老虎，以后的日子就更安宁了。马正在思索着，狗开口了："马二哥，你要是不放心，我给牛大哥当保人！"马笑着说："我怎么可能不放心呢！"说着就把角卸下来，

| 生肖狗剪纸 |

戴在了牛的头上。

过了几天，牛和马正在河边吃草，狗喘着气大喊："老虎来了！"牛让马站在一边，使上全身的力气，用两只角顶起老虎，把老虎顶跑了。马和狗都很高兴，一直夸奖牛大哥。

牛心中十分得意，心想，如果角永远在自己头上该多好啊！但一想到狗会出面作证，于是当天晚上就悄悄地把门牙卸下来，送给了狗，让狗不再提角的事。狗得到了门牙很高兴，也就不再提借角的事情了。

过了整整一个月，牛不曾提把角还给马的事。马心里有点儿着急，却不好意思开口。又过了几天，牛还是不说，马等不及了，说："牛大哥，你借我的角该还了吧！"牛伸长脖子"哞——哞——"叫了几声。马着急了，说："牛大哥，你怎么光叫不说话

| 生肖牛剪纸 |

呀？"牛这才说："我不是说了，没有这回事吗？"

马生气了，把狗叫过来，让他作证，狗一边后退，一边"汪、汪、汪"地叫唤，说他忘、忘、忘了。

| 绘画中的牛 |

马一气之下向马王爷告状。马王爷把牛和狗传到大堂上，狗不承认这件事，于是马王爷打折了狗的一条腿，狗这才说的确有这回事。马王爷让牛把角还给马，可是角已经在牛头上扎了根，卸不下来了。

马王爷一看这个情况，立刻把案子判了，说："牛说话不算数，借角不还，罚

你耕地、拉车、干重活，以后长不出门牙！"狗卧在地上求情，说它少了一条腿，从今往后没法活。马王爷说："你不干好事，罚你给人看门守户！"说完，在地上抓了一把泥，给狗捏了一条腿安上了。

2. 牛为什么反刍？

相传很早以前，牛是天上的神仙。有一天，玉皇大

帝觉得天下的人太多，难以养活，于是就让牛神下凡告诉人类，人类每天只吃一顿饭，却要梳洗打扮三次。

但是牛神在人间光顾着吃喝玩乐了，将旨意传成了让人类每天吃三顿饭，梳洗打扮一次。

不久以后，牛神回到天宫，玉皇大帝问他有没有如实告诉人类。牛神回答道："传下去了。""怎么传的？""就是照您的旨意传的，每天吃三顿饭，梳洗打扮一次。"

玉皇大帝一听传错了，大怒，生气地说道："你把每天只吃一顿饭，梳洗打扮三次传错了，以后凡间这么多人怎么养活呢！你下凡去吧，每天从早到晚帮助人类拉犁耕地，为人干活。"牛

| 可爱的牛 |

神说："我这么大的肚子，吃不饱啊！"玉皇大帝说："那你就吃完了干活，有空再把胃里的食物吐出来重新嚼一遍！"

从此牛神就下凡到人间，帮助人类干活，每天都要反刍。

3. 牛的蹄子为什么是两瓣儿的？

相传，原始时期地上到处都是荒郊野岭，于是玉皇大帝派牛下凡耕地。牛到人间后整天耕田十分辛苦，就

感到人间不如天宫好，经常偷偷回到天上。这件事很快就被玉皇大帝知道了，玉皇大帝非常生气，就命令天兵天将把它的脚割开了，从此牛的蹄子成了两瓣儿，再也无法回天宫了。

（二）人变成牛的民间故事

人变成牛的民间故事有较多版本。一种是人因善良变成牛帮助别人，另一种是人因为恶毒被神仙变成牛。

| 任劳任怨的牛 |

1.孙子为救爷爷变成牛的孝顺故事

传说山东微山湖地区原是一座长几十里，高几百丈的大山，因为山里有微子墓，所以此山叫作微山。在微山的山腰上有一户人家，只有爷孙两人相依为命。爷孙俩开垦了几亩山坡地，种庄稼为生。

有一年秋天，爷孙俩种的豆子快熟了，豆粒又胖又大，爷俩很高兴，觉得今年会有一个好收成。

一天傍晚，小男孩儿去地里看豆子，看见一个老头正在豆地里放羊，这群羊把豆荚、豆叶都吃了。小男孩儿快步跑上去问："老爷爷，您怎么能让您的羊吃我们家的豆子呢？"老头说："你们家的豆子收获不成

| 水牛 |

了，明天半夜这座大山就会崩塌，立刻变成大湖，豆子就淹了，还不如喂了我的羊。"老头停了停，接着说："你们爷孙俩是好人，赶紧朝着天亮的方向逃走吧，可不能在这里久留啊！"话音刚落，老头和羊群化作一阵清风不见了。

小男孩儿立刻跑回家把事情的来龙去脉告诉爷爷，爷爷听了知道这是神仙指点，就让小男孩儿去通知乡亲们收拾东西，一起向东方逃。

半夜时分，微山山崩地裂，高山变成了汪洋，大水向着东方喷涌而来，马上就要淹没爷孙俩和乡亲们，小男孩儿看在眼里急在心里。突然，小男孩儿大喊："爷爷快到我背上来！"只见小男孩儿变成了一头身高百尺的大水牛，站在乡亲们面前。爷爷和乡亲们顾不上吃惊，一起爬上了大水牛的背。他们渡过了大水，找到了一个安全的地方。待所有村民安全上岸以后，大水牛已经筋疲力尽，重新化成小男孩儿的模样，随着大水漂走了……

从此以后，乡亲们在这片高地上重建家园，他们为了感谢和纪念化身大水牛，挽救大家牺牲自己的小男孩儿，在高地上塑了一座大水牛的神像。

2. 儿媳妇想害死婆婆变成牛的故事

很久以前，有一对母子相依为命。母亲有眼疾，在家操持家务；儿子每天上山砍柴卖钱，把卖柴钱用来买米勉强维持两人的生计。就这样母子两人日复一日、年复一年地过了十年，儿子到了成家的年龄，娶上了媳妇。

儿子像之前一样上山砍柴卖钱，而母亲年迈多病已经不能做家务了，于是媳妇要一边做家务，一边照顾婆婆。为了养活家里人，买药给母亲治病，儿子更加勤劳，每天劈柴卖柴买米，也不能像之前一样顾及母亲的生活起居了。母亲吩咐儿媳："每天晚上等到儿子回家后再吃饭。"这样的话说多了，儿媳对母亲就有了怨言，慢慢地，儿媳等不及儿子回来就把饭吃了，只给母亲吃剩饭剩菜，母亲的身体越来越差，但母亲从没有把这些事告诉儿子。

有一天，母亲实在太饿了，就对儿媳说："我实在太饿了，你去煮点儿东西给我吃吧！"儿媳听了就到土里找了几条蚯蚓煮了给母亲吃了，母亲也没有把这件事告诉儿子。

过了几天，母亲饥饿难忍，又对儿媳说："你去搅点儿面糊给我吃，我实在太饿了。"儿媳听后搅了一点儿面糊煮熟后倒在碗里，然后拿出准备好的一包毒药倒在碗里，想毒死母亲。这件事被路过的仙人看到了，仙人决定想办法阻止这件事。

正当儿媳要把碗端给母亲时，外面响起了敲门声。儿媳妇放下碗去开门，发现是一个乞丐。婆婆得知后，吩咐儿媳将煮好的面糊给乞丐吃，儿媳有些犹豫，但当她看见乞丐身上有一件漂亮的衣服的时候，就对乞丐说："我把饭给你可以，但你得把你身上的衣服给我！"乞丐满口答应，把衣服脱下来

| 黄牛 |

给了媳妇。儿媳接过衣服，把面糊给了乞丐，并让他走远点儿吃，乞丐接过碗走了。乞丐走后，儿媳迫不及待地把那件衣服穿在身上。

太阳落山后，儿子回到家没看见媳妇，就问母亲媳妇去哪了。母亲说刚才还在家，不会走远的。于是儿子叫喊着找媳妇，找了好久没找到，母亲就把乞丐用自己的衣服换面糊的事情告诉了儿子。这时，儿子忽然看见他面前有一头穿着衣服的黄牛。正当他纳闷时，一个白胡子老头走来对儿子说："你的媳妇不孝敬婆婆，今天将毒药投放到你母亲的面糊中，想毒死你的母亲，这一幕被我看到了，于是我将她变成一头牛，以后这黄牛随你们耕地，供你们自由使唤。"

民俗中的牛

| 民俗中的牛 |

中国民间关于牛的民俗节日、活动有很多，尽管这些活动大多花费大量人力、物力、财力，是一种有些奢侈的习俗，但也表达了劳动人民对生活的美好期盼。

（一）与牛有关的传统节日

1. 牛王节

牛王节，又称牛节、牛神节、牛魂节等，是壮族、瑶族、苗族、土家族等民族的传统节日，主要分布于云南、湖北、广西、福建等水稻种植区域。

由于庆祝牛王节的民族众多、分布范围广，因此各族各地的牛王节时间和活动各有不同，一般于水稻种植的农历四月初八、水稻扬花的六月初六、七月初七或水稻成熟的十月初一举行，但内容都以敬牛为主，都是让牛在这一天好好休息。牛王节这一天人们要喂牛好吃的食物，修葺牛栏，清洁牛身，还要祭祀牛神。

牛王节具体的节日活动各地各族各具特色。农历四

| 牛王节雕塑 |

月初八的牛王节往往是在春耕前，举行活动的目的是增强牛的体力。比如浙江宁海一带的人们在四月初八这天，给耕牛放假，把牛当作上等宾客对待。人们用乌饭麻糍和鸡蛋喂牛，并给它们喝上好的黄酒。与此同时，人们也吃乌饭麻糍过节，这种活动被人们称为"人牛共食"。为什么吃的是乌饭麻糍呢？因为乌饭麻糍可以防止蚊虫叮咬，也能让牛长得健壮有力。此外，耕牛平常吃的是青草和树叶，人类平常吃的是糯米。乌饭麻糍是用乌饭树的叶子酿成汁制作而成的，意味着人们在这一天替牛分吃一半草，以表达对牛一年到头为人们辛勤劳作的感激，和对牛在即将到来的春耕中勤恳劳作的期待。

在农历六月初六、七月初七庆祝牛王节，主要是为了让牛在繁忙的春耕结束后休息调整；在农历十月初一庆祝牛王节，主要是为了让牛在紧张的秋收结束后得以放松。

牛王节是人们敬牛、爱牛习俗在民俗节庆活动中的表达，表现的是人与动物、人与自然和谐共处的场景。

2. 斗牛节

侗族斗牛节是一场隆重的节日，各个地区的侗族

| 四川南部县大力寨的牛王节 |

| 欢庆热闹的牛王节 |

人庆祝斗牛节的日子不一样，贵州天柱石洞地区的侗家人在农历九月初十这天过斗牛节。

侗家人用水牯牛斗牛。若想取得斗牛的胜利，首先得会选牛，侗族人通过牛的眼睛、额头、角、腰、腿等来判断牛的战斗力。为了找到一头好牛，人们往往到很远的地方，以高价购买强悍善斗的牛来饲养，人们以喂养"牛王"为荣耀。家家户户都会喂养一头斗牛，因为不喂斗牛的人家会被人们认为这户人家对祖宗不敬，因而会遭到村寨人的鄙视，因此经济宽裕的家族一般独自喂养一头，而经济不够宽裕的人家则联合三五户的人家集资喂养。

斗牛的场地被人们称作"牛塘"，每个斗牛场有一至两个东道主村寨负责主持活动。在过去，斗牛活动前东道主将用小木板制作的"传牌"邀约对手；现在则多为东道主张贴告示，让各户人家在比赛当天牵着牛到斗场登记斗牛。

| 激烈角斗 |

| 斗牛节 |

斗牛时，家家户户停止一切生产活动，男人不得劈柴杀猪，女人不得纺纱织布，以祈求斗牛的安全和胜利。

比赛当天的凌晨，凡参加竞斗的牛都要被好好装饰一番，并在芦笙和锣鼓声中，在人们的护卫和簇拥下走进斗场。待秩序维持下来后，在欢快的鞭炮、芦笙和锣鼓的鸣奏中，主人把牛牵进斗场。然后下达斗牛命令，斗牛便四蹄扬尘，向对手猛冲，激烈的斗牛场景博得全场欢呼喝彩。由于双方的斗牛是拉开一定的距离后迎击对手，因此有的斗牛一碰即定胜负，而有的却打得难解难分。当双方斗牛势均力敌之时，指挥者便下令把牛拉开，于是场上负责拉牛的人们，即各自用力拉住牛角上的绳子，同时把两头牛拉开。

当某一头牛胜利时，斗

牛主人的亲友们纷纷赶来，给牛披红挂彩、鸣礼炮，再加上欢快齐奏的芦笙和锣鼓使得现场的气氛又掀起了一番高潮。主人更是欢喜若狂，会将一桶桶酒毫不吝惜地泼在牛身上。在所有的斗牛都战斗完毕后，斗牛盛会即告结束。东道主会将客人留下。晚上，青年男女便结伴唱歌，寻觅意中人。

欢乐激烈的斗牛节，宣泄和释放了人们的情绪；热闹非凡的斗牛节，给人们以交流沟通的平台；看似残忍、暴力的斗牛节，体现的是人们对鲜活生命力的追求和向往。

（二）民俗活动中的牛

1.“烧大牛”

在山东昌邑，有一项山东省省级非物质文化遗产项目被称为“孙膑崇拜”，俗称“烧大牛”。

每到农历十二月，当地的孙膑庙就开始筹备这个传统大型活动。首先是“扎大牛”，即用一个月的时间扎一头七米高、十三米长的独角大牛；然后是“游大牛”，即在农历正月十四上午，抬着独角大牛在村落街道上巡游一番；之后是“摸

| 孙膑塑像 |

大牛"，即在中午将巡游过的独角大牛抬至孙膑庙，供人们争相抚摸；最后达到整个习俗活动的高潮"烧大牛"，即将独角大牛放入火中烧掉。

整个习俗活动的四个步骤"扎大牛""游大牛""摸大牛""烧大牛"都很忙碌有趣，因此是一年中村里最欢乐的活动，吸引了村里老老少少的人们参与其中。人们通过这种习俗活动，释放了平日的生活压力，可以放松身心，与他人共享民俗活动的欢乐。此外，这项活动也促进了人与人之间的交流与沟通，使整个村庄的联系更加紧密而融洽。热闹的民俗活动有如此重要的意义，只要不是过度的铺张浪费和劳民伤财，合理的欢愉还是

非常有意义的。

2."鞭春牛"

"土牛鞭春"俗称"鞭春牛"，是很多民族和地区都有的一种仪式。"土牛鞭春"从古代流传至今，各个时期都有对"土牛鞭春"仪式的记载。

清朝时期，广东东莞的"土牛鞭春"是人们在立春之前，用泥土塑好执鞭的春童和春牛，放在城东的洪山堂上。立春前一天，穿着官服的县令与文武官员到东郊"迎春"，即将芒神和土牛迎接到东城门外。立春当天的黎明之时，在春童和土牛前安放供奉神位，摆放供品的香案，在香案上摆放祭祀的酒肉果蔬。

立春的时候，主持祭祀仪式的通赞喊："行礼！"

于是，县令和官员按照官职的大小顺序排列走向案前，随着"跪""叩""兴"的命令一跪三叩首。接着在县令洒酒三爵后再带领官员行一跪三叩头礼，又击鼓三声，围着土牛转圈并鞭打土牛三下，拜祭仪式随即完毕。这时，锣鼓声响起，百姓们抬着春童和土牛送到土地庙里安置。

百姓们在这一天摩肩接踵，观看土牛，占卜丰歉。如果土牛干燥，显出当地土质的红色，预示着一年雨水少，要注意防旱；若显出黑色，则预示着一年雨水多，需要注意防涝。农民还向春童和土牛洒豆子、稻谷和芝麻等作物，目的是消除灾害和瘟疫，并吃随身携带的生菜裹麻团，生菜寓意"生生不息"，吃了可以求得一年生气活泼，身体健康。

| 鞭春牛 |

随着时代的发展，"土牛鞭春"具体的习俗活动可能发生了变化，但是人们对农业生产的重视和一年五谷丰登的向往和期盼从未改变，一直流传至今。

| 鞭春牛 |

成语中的牛

| 成语中的牛 |

1. 庖丁解牛

我们熟知的成语《庖丁解牛（páodīngjiěniú）》出自《庄子·内篇·养生主》。

有一个名叫丁的屠户给梁惠王宰牛。丁的手接触牛的地方，丁的肩靠着牛的地方，丁的脚踩着牛的地方，丁的膝盖顶着牛的地方，都发出了皮肉和骨头相分离，和刀子刺进去时的响声。这些声音竟然同《桑林》《经首》两首名曲的舞蹈节奏相和。

梁惠王看完整个过程后很高兴，说："好啊！你的解牛技术怎么会高明到如此程度呢！"

丁放下刀子回答说：

"臣探究的已不再是对宰牛技术的追求，而是事物的规律。记得当初我刚开始宰牛的时候，我对于牛的结构还不了解，看见的只是一整头牛的样子；三年之后，我的技术慢慢熟练，看见的是牛

| 庖丁解牛雕塑 |

内部的筋骨，而不是一整头牛了；而现在，臣只凭感觉接触牛的身体就可以了，不必用眼睛去看，即可根据牛的内部结构，找到筋骨间和骨节间的空隙劈开就好，而根本不会触及经络相连、肌肉聚结的地方。

技术高明的屠夫往往用刀割肉，因此每年换一把刀；技术一般的屠夫往往用刀砍骨头，因此每月换一把刀；而臣的这把刀已用了十九年了，宰了数千头牛，刀刃却像刚刚用磨刀石磨过一样。

牛的骨头之间是有空隙的，薄薄的刀刃可以刺入其中，用刀时也就宽绰有余了，因此用了十九年的刀还是如此锋利。虽然如此，每当我看到筋骨交错、难以下刀的地方时，就会变得谨慎，动

作随之放慢，让刀子轻轻动一下，骨肉即分离，散落在地上。这时我便提刀起身，擦拭好刀离开。"

梁惠王说："好啊！听了庖丁的话，我好像学到了休养生息的方法！"

这个成语故事告诉我们，虽然世间万物纷繁复杂，但是只要通过多次实践，掌握事物发展的客观规律，再困难的事情也可以得心应手，迎刃而解。

2. 对牛弹琴

《对牛弹琴》出自汉·牟融《理惑论》，讲的是战国时期的大乐师公明仪给牛弹琴的故事。

战国时期的大乐师公明仪擅长弹琴。

有一天他出去游玩，看

见了一头牛在安详地吃草，他一时兴起，坐在地上为牛弹奏高雅的乐曲——《清角》。但是牛并没有理他，还是一如既往地低着头吃草。公明仪有些生气，因为牛不听他弹琴，过了一会儿他明白了，不是牛不听他弹琴，而是弹的乐曲不合它的"口味"。于是公明仪弹起了类似蚊虻飞起的嗡嗡声和孤独牛犊的鸣叫声，牛立刻甩动尾巴，竖起耳朵，不安地徘徊走动。

3. 鸡口牛后

《鸡口牛后》出自《战国策·韩策》，是战国时期的政治家苏秦为说服韩王实施"合纵"政策所用的典故。

战国时期，有一个叫苏秦的人游说六国实施"合纵"政策，即联合起来对付强大的秦国。与此同时，还有一个叫张仪的人在四处游说"连横"政策，即鼓动六国聚集在秦国的周围，张仪还向韩王施加压力，说如果

| 古秦国函谷关
景区近照 |

归顺秦国，韩国就会安宁，否则就会陷入危险。

苏秦则对韩王说："韩国有广阔的土地，地势险要，有上等精兵十万和精良的装备，以韩国国力的强大和大王的贤明，若屈服于秦国，就会使国家蒙受耻辱，被天下人耻笑。如果大王归顺秦国，秦国会要求大王交出地势险要的宜阳、成皋两地。今年答应了，明年定会要求增加割地。将土地给他，以后会没有土地可给；不给，岂不是前功尽弃，以后还可能受到更大的侵害。大王有限的土地，怎能满足秦国没有止境的贪婪呢，不经过争战就被人割走土地，岂不是笑话。有句俗话叫作：'宁愿做小而洁的鸡口，而不做大而臭的牛屁股。'如果大王归顺秦国，这和做牛屁股有什么不同呢？"

韩王认为苏秦说得有道理，于是站起振臂按剑说："我死也不会向秦国屈服的！"

4. 吴牛喘月

"吴牛喘月"本来形容害怕热的吴地（古吴国地区）水牛，看见月亮却以为是中午炎热的太阳，于是开始喘气。这个成语还有一个典故出自《世说新语·言语》，讲的是司马炎和满奋的故事。

晋朝有一个大臣叫满奋，满奋很有才学，就是怕风怕冷。

有一天，晋武帝司马炎宣满奋入朝议事。议事房间北面的窗子是用琉璃做的，琉璃晶莹剔透犹如透明一般。满奋看见了以为没关窗户，冷风能吹进来，就露出了心神不宁的样子。晋武帝

| 晋武帝司马炎雕塑 |

看见满奋的样子大笑起来。满奋不好意思地说："我就像吴地的水牛一样，看见月亮以为是太阳，不禁因怕热而喘气。"

5. 杀鸡焉用牛刀

"杀鸡焉用牛刀"出自《论语·阳货》，比喻做小事情不用花大力气。

春秋末年，孔子的一个

| 孔子讲学 |

学生子游在武城做官。

有一次，孔子来到武城，听见弹琴唱歌的声音，便知道是自己的学生在用礼乐治理武城。他莞尔一笑，对子游开玩笑说："治理武城这种小地方，根本用不着礼乐，就像杀鸡，何必用宰牛用的刀！"子游严肃地说："我经常听您教导我们，君子学习礼乐就会懂得爱人，小人学习礼乐就会懂得服从。如今我用礼乐教化百姓，他们就会有修养，也就达到了治理的目的。"

孔子听了很高兴。在子游的治理下，武城太平无事。

6.老牛舐犊

著名的成语"老牛舐犊（lǎoniúshìdú）"出自《后汉书·杨彪传》，比喻父母浓浓的爱子之情。

三国时期，曹操有一个手下叫杨修。一次，杨修得罪了曹操，曹操借口杨修扰乱军心，把他杀了。

杨修死后，杨修的父亲杨彪因思念儿子十分憔悴。曹操问他："杨公为什么如此憔悴？"杨彪叹气说："我惭愧于没有先见之明使他避祸，但仍有一种像老牛舐舐牛犊一样的爱子之情！"曹操无言以对。

| 山西沁水县柳氏民居 |

7. 汗牛充栋

"汗牛充栋"出自唐·柳宗元《文通先生陆给事墓表》，比喻藏书很多。

孔子是一位伟大的思想家，为他著书立传、阐述思想的人很多。柳宗元说，这些书多得能塞满屋子，运出去使牛马累出汗。

8. 九牛一毛

"九牛一毛"出自《报任安书》，比喻很大数量中的极少数。

汉武帝时期，名将李陵讨伐匈奴战败投降，汉武帝得知消息，认定李陵叛国，众臣随声附和，唯有司马迁默不作声。汉武帝问他怎么看，司马迁回答道："李陵英勇抗敌，因寡不敌众、弹尽粮绝而投降，已经是战功赫赫，投降也只是缓兵之计，有机会定会报国。"汉武帝

| 司马迁蜡像 |

见司马迁为李陵辩护，心中十分生气，于是对司马迁处以重刑。

司马迁本想结束生命，后转念一想，自己是一个身份低微之人，即使一死了之，在皇上和诸位大臣眼里也不过像九头牛掉了一根毛而已，于是决心坚强地活下去。后来，司马迁终于凭着坚强的毅力写成了《史记》而得以名垂千古。

9. 牛衣对泣

《牛衣对泣》出自《汉书·王章传》，比喻贫穷困难。

汉代有一个人叫王章，年轻时到长安读书，与妻子相依为命。

有一年冬天，王章生病没有被子，只能盖用麻和草编成的"牛衣"，觉得自己

将不久于人世便痛哭起来，要与妻子诀别。他的妻子指责他说："在朝廷的显贵中，哪一个比你的学问高？如今你重病却不振奋精神，反而痛哭流涕，是多么令人鄙视啊！"

王章听后决心振奋精神，积极养病。身体康复后他经过潜心努力，终于功成名就。

10. 牛角挂书

"牛角挂书"出自《新

| 牛角挂书雕塑 |

54

唐书·李密传》，比喻读书学习勤奋刻苦。

隋朝有一个人叫李密，学习十分刻苦。

有一天，他骑牛外出办事，就将一套《汉书》挂在牛角上，边走边读。越国公杨素恰好碰见他，看李密读书如此认真，于是跟随其后，说："你是哪里的书生，为何如此勤奋？"李密认识杨素，赶紧上前拜见并自报家门。杨素问李密读的书，回答说："读的《汉书》中的《项羽传》。"杨素凭借与李密的对话，便知道李密不是等闲之辈。杨素回去后向儿子杨玄感说："我今天见到李密，感觉他识大体，不是等闲之辈。"杨玄感就与李密结交，成为朋友。隋炀帝大业九年，杨玄感起兵黎阳，

派人入关迎接李密，李密也借机出山，后来终于成就一番事业。

成语百宝箱

有关牛的成语还有哪些呢？大家快来看看吧！

初生牛犊不怕虎、牛鬼蛇神、牛骥同皂、牛溲马勃、风马牛不相及、牛头马面。

牛鼎烹鸡、牛刀小试、土牛木马、牛黄狗宝、牛马不如、牛毛细雨、如牛负重。

目无全牛、蹊田夺牛、执牛耳、气冲斗牛、钻牛角尖、老牛破车、气吞斗牛。

泥牛入海、犀牛望月、牛头不对马嘴、九牛二虎之力、多如牛毛。

牛不喝水强按头、以羊易牛、蜗行牛步。

除了成语，有关牛的歇

后语和俗语也有很多，大家一起来看看吧！

老牛追汽车 —— 撵不上。

老牛拉座钟 —— 又稳又准。

金壳郎赶牛 —— 自不量力；不自量力。

对牛弹琴 —— 不入耳，难入耳；充耳不闻；白费劲；枉费工。

俩牛抵角 —— 豁着脑袋干。

牛骨头煮胶 —— 难熬。

牛角挂稻草 —— 轻巧。

文学作品中的牛

| 文学作品中的牛 |

文学作品中的牛往往与牛的形象特点，牛郎织女的民间故事和田园生活有关。

（一）以牛的特点为主题的文学作品

牛的形象具有温顺与凶猛的两面：从温顺的角度来讲，它任劳任怨，是勇敢的代表；从凶猛的角度来讲，它冲动易怒，是残暴的象征。以牛的这两个特点为主题的文学作品有《牛赋》《西游记》和《中山狼》等，现在我们来一一介绍。

1.《牛赋》中的牛形象

这是一篇借物言志的赋体散文。柳宗元通过描写

| 柳宗元雕塑 |

牛的形象来进行自喻。在《牛赋》中，他描述了牛辛勤劳作、任劳任怨的性格特点，即使死了也为人尽其用。表现了牛舍身为人的忠厚形象。

牛赋

【唐】柳宗元

若知牛乎？牛之为物，

魁⁽¹⁾形巨首。垂耳抱角，毛革疏厚。牟然⁽²⁾而鸣，黄钟⁽³⁾满脰⁽⁴⁾。抵触隆曦⁽⁵⁾，日耕百亩。往来修直，植乃禾黍。自种自敛，服箱⁽⁶⁾以走，输入官仓，己不适口。富穷饱饥，功用不有⁽⁷⁾。陷泥蹶块⁽⁸⁾，常在草野。人不惭愧，利满天下。皮角见⁽⁹⁾用，肩尻⁽¹⁰⁾莫保。或穿缄縢⁽¹¹⁾，或实⁽¹²⁾俎豆⁽¹³⁾，由是观之，物无逾者。

不如羸驴，服⁽¹⁴⁾逐⁽¹⁵⁾驽马。曲意随势，不择处所。不耕不驾，蒮蕣⁽¹⁶⁾自与。腾踏⁽¹⁷⁾康庄，出入轻举。喜则齐鼻⁽¹⁸⁾，怒则奋踯。当道长鸣，闻者惊辟⁽¹⁹⁾。善识门户，终身不惕。

牛虽有功，于己何益？命有好丑，非若能力。慎勿怨尤，以受多福。

注释

(1)魁：大的样子。

(2)牟然：哞哞的声音，指牛的叫声。

(3)黄钟：牛发出的低音。

(4)脰：颈项。

(5)隆曦：烈日。

(6)服箱：拉着车。服，驾，拉。箱，车厢。

(7)有：图。

(8)蹶（jué）块：跌在地上。蹶：跌倒。块，土块，土地。

(9)见：被。

(10)肩尻（kāo）：从肩部到臀部，此处指全身。尻：臀部。

(11)缄縢：捆绑东西的绳子。

(12)实：装进。

(13)俎（zǔ）豆：古代祭祀时盛装肉类用的礼器。

(14)服：适应，习惯。

(15)逐：追随。

⒃藿菽（shū）：豆类植物的叶子和豆类。

⒄腾踏：奔跑。

⒅齐鼻：对鼻。牛高兴时的一种表现

⒆辟：通"避"，躲避。

2.《西游记》中牛魔王的形象

中国四大名著之一《西游记》中有一个牛形象的人物，他就是牛魔王。牛魔王是一个智勇双全的人物，他在《西游记》中是少有的可以与孙悟空的法力相当的角色。牛魔王是翠云山和积雷山的主人，他的妻子是铁扇公主，妾是玉面公主，弟弟是如意真仙，儿子是红孩儿。

由于《西游记》是以唐僧师徒四人西天取经的故事为线索的，牛魔王作为配角仅出现了几回，在这里我们

就将牛魔王出现的篇章挑选出来，讲讲牛魔王的故事。

牛魔王第一次出现在《西游记》的第三回，当时他与美猴王、蛟魔王、鹏魔王、狮驼王、猕猴王、禺狨王并称七王。在美猴王孙悟空大闹天宫，自称为齐天大圣后，牛魔王就自称为平天大圣，与其他自称大圣的五大王一起并称七大圣。

在孙悟空被压在五指山下的五百年期间，牛魔王娶了铁扇公主为妻，育有一子红孩儿，又纳了玉面公主为妾，还得到了玉面公主的母

亲，积雷山摩云洞洞主的众多家产。

孙悟空被唐僧救出来以后，牛魔王的儿子红孩儿镇守火云洞，为了吃唐僧肉而与孙悟空大战一场。孙悟空为了将被红孩儿抓进火云洞的唐僧与猪八戒救出，变成牛魔王哄骗红孩儿，红孩儿最终被观音菩萨收为善财童子，从此牛魔王与孙悟空结怨。

后来，唐僧师徒四人行至火焰山，得知若想通过此山只能向铁扇公主借取芭蕉

| 孙悟空雕塑与火焰山 |

扇灭火。于是孙悟空将师父等人安排好，独自前往芭蕉洞找铁扇公主。铁扇公主因红孩儿之故不肯借扇。孙悟空与铁扇公主几次交手都没有得到真正的芭蕉扇，孙悟空只能前往积雷山求助于牛魔王，哪知与玉面公主发生冲突。牛魔王得知孙悟空欺负铁扇公主又追赶玉面公主，怒气之下与孙悟空交战百十回合，不分胜负。这时，碧波潭万圣龙王宴请牛魔王，于是牛魔王骑着避水金睛兽赴宴。孙悟空趁机又变成牛魔王的样子偷了避水金睛兽，前往芭蕉洞骗取芭蕉扇。

牛魔王散了筵席之后，发现避水金睛兽不见了，便知道是孙悟空作怪，于是聪明的牛魔王变成猪八戒的样子从孙悟空手中重新夺回了

芭蕉扇，双方再次大战，难分高下。

随后，各路神佛纷纷前来相助孙悟空，面对诸路神佛，牛魔王毫不畏惧与之交战，却寡不敌众。最终铁扇公主交出芭蕉扇，孙悟空扇灭火焰山大火，牛魔王被李靖、哪吒捉拿回天庭。

牛魔王在《西游记》中对妻妾、兄弟和儿子的维护可见其忠厚；面对孙悟空的计谋，以其人之道还治其人之身，变成猪八戒骗孙悟空可见其智慧；在寡不敌众的情况下仍顽强抵抗，可见其勇敢。而另一方面，他与神仙佛祖相对抗的一面，也反映出他乖戾、残暴的特点，因此最终被李靖和哪吒带回天庭调教。

3.《中山狼》故事中的

牛形象

《中山狼》是明朝马中锡的一篇寓言故事，讲的是东郭先生救了一只狼，而狼却要将东郭先生置于死地，于是东郭先生为延缓时间，与狼商量好问三位长者自己是否应被狼杀死，若三位长者都说应该，东郭先生就同意被狼吃掉。最终东郭先生在一位老人的帮助下将狼杀死，逃过一劫。这篇故事告诉人们仁爱是有界限的，对待敌人必须坚决地消灭掉。

《中山狼》中有一段东郭先生问老牛的片段，老牛讲述了自己帮助一个老农由穷变富，却在年老无用时被人丢弃郊野，将被宰杀的经历，展现了牛任劳任怨、勤恳憨厚的形象。在此用白话文将故事展现如下：

在请问了老杏树后，东郭先生得到了自己应被狼吃掉的结论。于是饥饿的狼张口就要吃他，东郭先生说："我们说好了问三位长者，你先别着急。"

向前走了几步，东郭先生和狼望见了一头老母牛，它正在晒太阳。

狼对东郭先生说："你去问老牛。"东郭先生说："前面遇到的草木无知，净说瞎话；现在让我问牛这种禽兽干什么？"狼说："你只管问它，不问我就把你吃掉！"东郭先生迫不得已，于是向老母牛作揖，叙述了

| 皮影戏中的东郭先生 |

事情的始末。

只见老母牛皱着眉头、瞪着眼睛、舔着鼻子、张大了嘴，对东郭先生说："老杏树的话说得不错！在我年少时，筋骨健壮有力，老农用一把刀换到了我，让我做群牛的副手耕种田地，等到我日益壮实时，群牛已日渐老而无力，于是凡事由我承担。当老农在道路上奔驰时，我背负的是运货的车；当老农在耕种时，我走在泥土里开辟荆棘。老农的衣食、嫁娶、赋税、粮囤都仰仗着我。原来老农家里没有粮食，他也因贫困无人理睬；如今麦子有大好的收成，他可以大摇大摆地在村社行走；过去老农不知酒味、穿着粗布烂衫饥一顿饱一顿；现在老农喝着酒宠惯着妻妾，腰扎皮

带读着书。老农的每一颗粮食、每一缕丝线不都是我的功劳吗！

"我现在已年老体弱，不能再胜任重活累活，于是老农将我赶到荒郊野岭。郊野寒冷，我只能靠着太阳照身取暖，瘦骨嶙峋的我皮毛没有了，干活留下的疮痍没有痊愈。而老农的妻子十分凶残，天天念叨着：'牛浑身上下都是宝，肉可以做脯，皮可以做革，骨头和角还能做成器皿呢！'于是指着大儿子说：'你不是当庖丁的学徒有一段时间了吗，赶紧磨好刀将它宰杀吧！'如此看来，这是不利于我啊！我虽然有功，却要蒙受灾祸！你对狼有什么公德，就指望免于一死啊？"

（二）以牛郎织女为主题的文学作品

家喻户晓的牛郎织女传说是众多文人创作诗词时引用的典故，这种主题的诗词大多与男女情长、惺惺相惜有关。

1. 迢迢牵牛星

这首诗以第三人称，描写了被银河隔断的牛郎星和织女星不得相见的痛苦之情。诗歌详细描绘了织女织布时思念牛郎的情景，将牛郎织女因相隔银河不得相见的无奈细致地表达了出来。

| 牛郎织女画像 |

迢迢牵牛星

【汉】佚名

迢迢⁽¹⁾牵牛星，皎皎⁽²⁾河汉女。

纤纤擢⁽³⁾素手，札札⁽⁴⁾弄机杼⁽⁵⁾。

终日不成章，泣涕零如雨；

河汉清且浅，相去复几许！

盈盈一水间⁽⁶⁾，脉脉⁽⁷⁾不得语。

注释：

(1)迢（tiáo）迢：遥远的样子。

(2)皎皎：洁白明亮的样子。

(3)擢（zhuó）：引申为伸出的意思。

(4)札（zhá）札：象声词，指织布机织布的声音。

(5)杼（zhù）：织布机上的梭子。

(6)间（jiàn）：间隔、距离。

(7)脉（mò）脉：指深情相望的样子。

2.燕歌行二首·其一

《燕歌行》是今天存世最早而完整的七言诗。这首诗讲述的是女子对丈夫的思念之情。

诗歌以起兴的手法开头，展现凄冷萧瑟的秋日之景，为后文描写女子思念丈夫的情感表达做铺垫。然后描写女子的心理活动，通过牛郎织女相隔银河的典故，表达自己不能与丈夫相见的苦闷之情。

燕歌行二首·其一

【魏】曹丕

秋风萧瑟天气凉，草木摇落露为霜。

群燕辞归鹄南翔，念君客游多思肠。

慊慊(1)思归恋故乡，君为淹留寄他方。

贱妾茕茕(2)守空房，忧来思君不敢忘，不觉泪下沾衣裳。

援琴鸣弦发清商，短歌微吟不能长。

明月皎皎照我床，星汉西流夜未央。

牵牛织女遥相望，尔独何辜限河梁。

| 曹操府雕塑，中间为曹操，右为曹丕，左为曹植 |

注释：

(1)慊慊（qiè qiè）：空虚的样子。

(2)茕茕（qióng qióng）：孤独、无依的样子。

3.行香子·七夕

建炎三年（公元1129年）五月，作者李清照的丈夫赵明诚被任命为湖州知州，赵明诚独自前往应召使夫妻被迫分离。此时，李清照住在池阳举目无亲，处境凄凉。到了七月七日七夕，牛郎织女在今夜相会，而作者夫妻两人却相距两地，使作者写出了这首凄婉的诗词。

行香子·七夕

【宋】李清照

草际鸣蛩(1)。惊落梧桐。

正人间、天上愁浓。

云阶月地(2)，关锁千重。

纵浮槎(3)来，浮槎去，不相逢。

|李清照|

星桥鹊驾，经年才见，想离情、别恨难穷。

牵牛织女，莫是离中。甚霎儿晴，霎儿雨，霎儿风。

注释：

(1)蛩（qióng）：指蟋蟀。

(2)云阶月地：指天宫。

(3)浮槎（chá）：词中指往来于海上和天河之间的木筏。

4.秋夕

这首诗描写了宫女在宫中生活的孤独和凄凉之情。

秋夕

【唐】杜牧

银烛秋光冷画屏，

轻罗小扇扑流萤。

天阶夜色凉如水，

坐看牵牛织女星。

（三）表现田园生活的文学作品

导言：牧牛、牧童是典型的田园生活形象，诗人、词人往往借助这种形象或描写惬意的田园生活，表达自己洒脱、清高的情怀与品格；或描写牧童的日常生活，展现最底层人们的生活状态，反映社会问题。

1.寻雍尊师隐居

这首诗是李白年轻时所作，是作者入山拜访雍尊师的所思所感。作者通过描写群山的景色，烘托了富有神秘色彩的画面，展现了作者的洒脱情怀。

寻雍尊师[1]隐居

【唐】李白

群峭碧摩天，
逍遥不记年。
拨云寻古道，
倚石听流泉。
花暖青牛卧，
松高白鹤眠。
语来江色暮，
独自下寒烟。

注释：

（1）雍尊师：雍姓的道师，尊师是对道士的尊称。

2. 所见

《所见》是一首描写牧

| 李白雕塑 |

童生活的诗，全诗动静结合，充满童趣。而作者通过对自然和生活的细致描写，直接抒发了他的生活感受。诗中的牧童天真活泼也反映了诗人的童心未泯。

所见

【清】袁枚

牧童骑黄牛，
歌声振林樾[1]。
意欲捕鸣蝉，
忽然闭口立。

注释：

（1）林樾（yuè）：道路两旁遮荫的树木。

3. 牧牛词

此诗的前九句都表现的是牧童与牛相依为命的生活，而最后一句"但恐输租卖我牛"则道出了作者写诗的用意，通过因收税昂贵而卖牛的牧童之忧，反映了当

| 牧童骑黄牛树叶画 |

时的赋税之重。

牧牛词

【明】高启

尔⁽¹⁾牛角弯环，我牛尾
秃速。

共拈短笛与长鞭，南亩
东冈去相逐。

日斜草远牛行迟，牛劳

牛饥唯我知；

牛上唱歌牛下坐，夜归
还向牛边卧。

长年牧牛百不忧，但恐
输租⁽²⁾卖我牛。

注释：

(1)尔：你的。

(2)输租：交税。

图书在版编目（CIP）数据

生肖牛 / 侯同佳编著；张勃本辑主编. -- 哈尔滨：
黑龙江少年儿童出版社，2020.2（2021.8重印）
　（记住乡愁：留给孩子们的中国民俗文化 / 刘魁立
主编. 第十一辑，生肖祥瑞辑）
　ISBN 978-7-5319-6462-9

　Ⅰ. ①生… Ⅱ. ①侯… ②张… Ⅲ. ①十二生肖—青
少年读物 Ⅳ. ①K892.21-49

中国版本图书馆CIP数据核字(2019)第293957号

记住乡愁——留给孩子们的中国民俗文化　　　　　刘魁立◎主编

第十一辑 生肖祥瑞辑　　　　　　　　　　　　　张　勃◎本辑主编

生肖牛 SHENGXIAO NIU　　　　　　　　　　　侯同佳◎编著

出　版　人：商　亮
项目策划：张立新　刘伟波
项目统筹：华　汉
责任编辑：杨黎明
整体设计：文思天纵
责任印制：李　妍　王　刚
出版发行：黑龙江少年儿童出版社
　　　　　（黑龙江省哈尔滨市南岗区宜庆小区8号楼 150090）
网　　址：www.lsbook.com.cn
经　　销：全国新华书店
印　　装：北京一鑫印务有限责任公司
开　　本：787 mm×1092 mm　1/16
印　　张：5
字　　数：50千
书　　号：ISBN 978-7-5319-6462-9
版　　次：2020年2月第1版
印　　次：2021年8月第2次印刷
定　　价：35.00元